ACTE PUBLIC

SUR

LA PROPRIÉTÉ,

*Soutenu à la Faculté de Droit de Strasbourg, Mardi
19 Novembre 1816, à quatre heures de relevée,*

POUR OBTENIR LE GRADE DE LICENCIÉ EN DROIT,

PAR

M. AIMÉ ATTHALIN,

BACHELIER EN DROIT,

DE COLMAR (DÉPARTEMENT DU HAUT-RHIN).

STRASBOURG,

De l'imprimerie de LEVRAULT, impr. de la Faculté de Droit.
1816.

A

MON PÈRE,

PRÉSIDENT

A LA COUR ROYALE DE COLMAR.

Comme un foible témoignage de mon amour et de ma reconnoissance.

ATTHALIN.

M. Hermann, Doyen de la Faculté, Chevalier de l'Ordre
royal de la Légion d'Honneur.

EXAMINATEURS:

MM. Arnold,
    Hermann,   } Professeurs.
    Frantz,
    Bloechel.............Suppléant.

DE LA PROPRIÉTÉ.

INTRODUCTION.

Des règles générales, fécondes en grandes conséquences, composent seules le titre que j'analyse ; elles appartiennent exclusivement au Droit civil, qui, comme le dit Montesquieu, est le palladium de la propriété.

Je ne rechercherai point ici l'origine de la propriété ; elle se perd dans la nuit des temps. Ce qui paroît certain, c'est qu'elle émane de la loi naturelle, et que le principe s'en trouve en nous. Ce principe a dû d'abord, et par nécessité, être appliqué à des choses mobilières ; l'industrie ne tarda pas à le faire appliquer au sol de la terre, et l'on vit naître alors, avec la propriété foncière, l'agriculture et les arts, sources des richesses, du bonheur et de la multiplication des peuples. Devenue aussi chère, aussi précieuse à l'homme que sa liberté même, la propriété individuelle forma la première base de l'édifice social ; le respect qui lui est dû, fut consacré comme un dogme politique, et la loi civile, dont elle étendoit l'empire, régla, jusque dans ses moindres détails, tout ce qui pouvoit tenir à son exercice.

Ce que les lois françoises, dans le titre II du 2.ᵉ livre du Code civil, statuent sur sa nature et son étendue, va faire seul le sujet de cette thèse.

CHAPITRE PREMIER.

Nature du droit de propriété.

Il est, en général, dangereux d'insérer des définitions dans un corps de lois ; mais une définition aussi importante que celle de la propriété devoit nécessairement trouver place dans notre Code, en adoptant celle *des lois romaines*, *Dominium est jus utendi et abutendi re suâ, quatenus juris ratio patitur*. Nos législateurs, pour ne pas ériger l'abus en droit, l'ont traduite en ces termes : « La propriété est le droit de jouir et de disposer des choses de « la manière la plus absolue, pourvu qu'on n'en fasse pas un « usage prohibé par les lois ou par les réglemens. « Ainsi rédigée, cette définition est si juste, que je crois ne pouvoir mieux que par son analyse faire connoître la nature du droit de propriété. Je vais donc examiner successivement en quoi consiste ce droit en lui-même, le droit de jouir, le droit de disposer, et les modifications que les lois, les réglemens, les droits appartenans à d'autres propriétaires apportent à son exercice.

La propriété, dans sa substance, est le droit d'avoir une chose corporelle en propre, privativement à tous autres : *jus quo res alicui propria est*. Ce droit seul constitue le propriétaire, et le distingue du possesseur et du détenteur. Il est réel par excellence, exclusif, indépendant de tout exercice : *Nihil commune habet proprietas cum possessione, l. 12, §. 1, ff. de acq. vel amit. poss.* Les mineurs, les interdits, les femmes mariées, le saisi réellement jusqu'à l'adjudication, ne peuvent l'exercer, et sont propriétaires.

Le droit de jouir consiste à tirer de la chose tous les fruits, tout l'avantage dont elle est susceptible. Sans lui la propriété seroit vaine ; mais il n'est pas de son essence, et peut en être séparé par usufruit, antichrèse, louage, etc. ; tant qu'il y demeure réuni, c'est un droit d'accession, dont je parlerai plus bas.

Le droit de disposer consiste à pouvoir dénaturer, détériorer, aliéner, perdre même, si l'on veut, l'objet de sa propriété. Dans l'ancienne législation, les biens étant distingués en propres, substitués, nobles, fiefs, biens de côté, de ligne, etc., chaque espèce étoit soumise à des règles particulières ; il falloit les suivre pour en disposer. Aujourd'hui, que l'on n'a plus égard à la nature ni à l'origine des biens, ils sont tous meubles ou immeubles, et les articles 537 et 544 assurent aux particuliers la libre disposition de ceux qui leur appartiennent sous les modifications de la loi. Ce principe, consacré d'ailleurs par les articles 9 et 10 de la Charte constitutionnelle, en rendant inviolable la propriété individuelle, forme une garantie qui est l'ame de notre législation. La prescription, l'expropriation forcée, la mort civile, les confiscations même, n'y donnent point d'atteinte que le propriétaire ne doive s'imputer à lui-même; que si une loi politique vient à disposer de propriétés particulières pour objets d'utilité publique, les individus forcés par le pacte social de céder à l'intérêt commun demeurent toujours comme propriétaires sous l'égide des lois civiles, qui, triomphant de la rigueur du droit politique, décident, art. 545, que nul ne peut être contraint de céder sa propriété, si ce n'est pour cause d'utilité publique, et moyennant une juste et préalable indemnité. « L'État, dit Montesquieu, est dans ces « occasions comme un particulier qui traite avec un particulier; « c'est bien assez qu'il puisse contraindre un citoyen à lui vendre « son héritage, et qu'il lui ôte ce grand privilége, qu'il tient de « la loi naturelle, de ne pouvoir être contraint d'aliéner son bien. » Sans doute il est des cas d'urgence, de guerre, où le Gouvernement, pour la défense de la nation ou pour arrêter un incendie, peut non-seulement occuper mais changer la face du sol, faire abattre un bâtiment, le tout sans avoir besoin de loi; mais dans les circonstances ordinaires tous travaux publics, achats de terrains ou d'édifices destinés à des ouvrages d'utilité publique, doivent être ordonnés par le Roi (loi du 8 Mars 1810). C'est aux Préfets à désigner, d'après son ordonnance, les localités ou les propriétés particulières auxquelles l'expropriation est applicable, et à mettre les parties intéressées en état de fournir leurs contredits ou de faire avec eux des arrangemens amiables. Si ces arrangemens n'ont pas lieu, les tribunaux, en prononçant l'expropriation, fixent, d'après des documens ou des rapports d'experts, le montant des indemnités dues aux propriétaires, et ces indemnités doivent en général être payées comptant ou avec les intérêts dans les trois ans de la dépossession.

Après avoir garanti aux propriétaires la conservation et le libre exercice de leurs droits, la définition pose cette restriction : pourvu qu'ils n'en fassent pas un usage prohibé par les lois ou par les réglemens.

C'est faire de sa propriété un usage prohibé par les lois, que d'outre-passer dans ses dispositions les réserves légales, de vendre les grains en vert, de défricher les bois, de planter du tabac dans certains cantons, de s'écarter des ordonnances relatives aux impôts, aux mines, carrières, tourbières, eaux et forêts, etc. Ces modifications sont commandées par l'intérêt public. Il en est de même des réglemens de police : s'ils défendent au propriétaire de laisser tomber ses bâtimens en ruine; s'ils lui défendent de faire sur son propre terrain des constructions qui obstrueroient la voie publique; s'ils prohibent à tous autres qu'à des personnes de l'art de vendre des objets trop dangereux pour être mis à la disposition de tout le monde, ce sont autant de mesures d'intérêt général, dont l'objet est d'empêcher le propriétaire de nuire au public ou aux particuliers par l'usage abusif de ses droits de propriété.

Indépendamment des lois et réglemens, l'exercice de ces droits est quelquefois gêné par l'effet de droits pareils appartenant à d'autres propriétaires; alors la propriété est imparfaite. Telle est une propriété grevée de droits d'usufruit, d'usage, d'habitation, de servitude, d'hypothèque. Telle est encore une propriété résoluble : l'envoyé en possession, l'acheteur à faculté de rachat, le donataire, etc., pouvant être dans le cas de restituer, n'ont droit ni de perdre la chose, ni d'en changer la forme, ni de la transférer irrévocablement à d'autres.

Une propriété indivise, c'est-à-dire, commune à plusieurs, est nécessairement imparfaite : la portion qui doit appartenir à chacun des copropriétaires privativement aux autres, n'ayant qu'une détermination intellectuelle, ils n'ont chacun qu'une nue propriété sans possession : *incertam partem rei nemo possidere potest.*

Après avoir examiné la nature du droit de propriété, il me reste à considérer son étendue et ses limites.

CHAPITRE II.

Étendue du droit de propriété.

La propriété d'une chose, soit mobilière, soit immobilière, donne droit sur tout ce qu'elle produit, et sur tout ce qui s'y unit accessoirement, soit naturellement, soit artificiellement. Ce droit s'appelle droit d'accession.

On voit par cette définition, que l'accession n'est point ici considérée comme mode d'acquérir la propriété, mais comme effet d'une propriété déjà acquise, comme un droit nouveau qu'elle semble faire éclore.

Je suivrai, pour en parler, la division que cet article présente, et qui est celle du Code même.

Section I.re

Droit d'accession sur ce que produit la chose.

On distingue le produit des choses en fruits naturels et industriels, et en fruits civils.

Les fruits naturels sont ceux qui naissent du sein même de la chose, sans le secours habituel de l'homme, comme les forêts, les pâturages, le croît des animaux.

Les fruits industriels sont ceux qui ne s'obtiennent que par la culture, comme les moissons.

La valeur représentative de ces deux espèces constitue les

fruits civils, qui sont le prix des baux à ferme, les loyers des maisons, les intérêts des sommes exigibles et les arrérages des rentes.

Les enfans des esclaves, étant assimilés au croît des animaux, sont rangés parmi les fruits naturels, regardés comme *pars viscerum matris*, et appartiennent, par droit d'accession, au propriétaire de la mère : *partus sequitur ventrem*.

Les autres fruits naturels et industriels, tant qu'ils sont pendans par branches ou par racines, sont regardés comme faisant partie du fonds : *fructus pendentes pars fundi videntur ;* et dès qu'ils en sont séparés, ils appartiennent par droit d'accession (*jure soli, vi ac potestate rei suæ*) au propriétaire ou à ceux à qui il a donné le droit de les percevoir : tels qu'usufruitier, créancier à antichrèse, fermier, etc., à charge toutefois de rembourser les frais de labour, travaux et semences, faits par des tiers : *locupletior factus est, quatenus propriæ pecuniæ pepercit*.

Par une conséquence nécessaire de ce principe, tout possesseur qui perçoit les fruits sans l'aveu du propriétaire, doit les restituer avec la chose au propriétaire qui la revendique ; savoir : en nature ceux de la dernière année, les autres sur le taux des mercuriales ou au dire d'experts (art. 219 du Code de Procéd.), en se faisant tenir compte des dépenses nécessaires et utiles, faites pour la conservation de la chose (art. 1381).

Il n'y a d'excepté de cette restitution que le possesseur de bonne foi, qui, possédant, comme propriétaire, en vertu d'un titre translatif de propriété dont il ignore les vices, est assimilé au véritable propriétaire, et fait les fruits siens : *bona fides tantum præstat quantum veritas.* (*L.* 136, *ff. de Reg. jur.*) S'il vient à connoître les vices de son titre, il cesse d'être de bonne foi, et de ce moment il doit restituer la chose et les fruits ; mais il est encore présumé tel jusqu'à la preuve contraire (art. 2268), et si à l'aide de cette présomption il parvient à prescrire, les fruits lui sont acquis, non plus à titre de possesseur, mais comme propriétaire, en vertu d'une fiction de la loi qui fait remonter sa propriété au jour où il a commencé à prescrire.

Section II.

Droit d'accession sur ce qui s'unit ou s'incorpore à la chose.

Ce droit s'exerce sur des choses immobilières ou mobilières.

Quand il s'exerce sur des choses immobilières, il a pour objet les produits intérieurs du sol, les constructions, plantations et ouvrages, les alluvions, les îles, et des animaux immeubles par destination.

Du principe unique, que la propriété du sol emporte celle du dessus et du dessous, dérivent toutes les règles relatives aux produits intérieurs et aux constructions, plantations et ouvrages. Le propriétaire du sol peut planter et bâtir au-dessus, fouiller et construire au-dessous ; en un mot, élever et creuser à telle hauteur et profondeur qu'il lui plaît; et toutes constructions, plantations et ouvrages, sur son terrain ou dans l'intérieur, sont présumés faits par lui et lui appartenir jusqu'à la preuve contraire. Cette preuve donnée, ils lui appartiennent en effet par droit d'accession, mais sous les obligations suivantes. S'il les a faits avec des matériaux qui ne lui appartenoient pas, il doit en payer la valeur, et peut être condamné à des dommages et intérêts, n'étant pas juste qu'il s'enrichisse aux dépens d'autrui. S'ils ont été faits par des tiers, avec ses matériaux, il doit et cette valeur et le prix de la main d'œuvre: mais il a l'alternative, quand ce tiers est de mauvaise foi, de l'obliger à les enlever et à lui payer des dommages-intérêts ; quand c'est un possesseur qui n'a point été condamné à la restitution des fruits, attendu sa bonne foi, de ne lui rembourser qu'une somme égale à celle dont le fonds a augmenté de valeur : le tout sans préjudice de la propriété qu'un tiers pourroit avoir acquise ou pourroit acquérir par prescription d'un souterrain ou de toute autre partie du bâtiment.

L'application rigoureuse de ces règles seroit quelquefois injuste, et je pense, avec MALEVILLE, que celui qui, dans ses constructions, a seulement anticipé sans opposition sur le terrain d'autrui, doit en être quitte en payant la valeur du sol et des dommages et intérêts au propriétaire.

Du principe posé, que tout cède au sol qui est immobile, dérivent encore les dispositions des articles 672 et 673, et le droit d'accession qu'exerce le propriétaire sur une moitié du trésor trouvé dans son fonds ; l'autre moitié est acquise par droit d'occupation, à l'inventeur, quel qu'il soit, possesseur, usufruitier, journalier ou autre. Le trouvant lui-même, le propriétaire du fonds a le tout (art. 716), mais toujours sous les conditions requises par cet article. Si la chose n'est trouvée par cas fortuit, si sa forme ou l'empreinte des monnoies sont assez modernes pour faire présumer l'existence du propriétaire ; s'il paroît, par d'autres indices, que la chose n'ait été cachée ou enfouie que récemment, par crainte, avarice, anxiété ; ce n'est plus un trésor, et l'on ne peut se l'approprier sans vol.

Dans nos lois sur les alluvions reparoît de nouveau cette pureté de principe du Droit romain que la féodalité avoit altérée. L'article 556, après avoir défini l'alluvion un accroissement qui se forme successivement et imperceptiblement aux fonds riverains des fleuves et des rivières, ajoute : il profite au propriétaire riverain, soit qu'il s'agisse d'un fleuve ou d'une rivière navigable, flottable ou non, à la charge, dans le premier cas, de laisser le marche-pied ou chemin de halage, espace de trente pieds du côté où se fait la traîne des bateaux, et de dix pieds de l'autre bord (art. 7, tit. 23 de l'Ordonnance des eaux et forêts), sur lequel l'État exerce une servitude légale.

Il est de droit naturel : *commoda cum sequi quem sequuntur incommoda.* Les fonds riverains, toujours exposés aux ravages, doivent seuls aussi profiter des alluvions. La nature, dans une opération si lente, semble se complaire à enrichir l'un aux dépens de l'autre, et l'équilibre se maintient par une chance égale de gain et de perte.

Une partie considérable et reconnoissable d'un champ, enlevée par la force subite de l'eau, et portée vers un champ opposé ou inférieur, n'ayant pas le caractère d'alluvion, peut être revendiquée, mais dans l'année seulement. La loi, pour ne pas en laisser la propriété incertaine, ne donne pas un plus long délai, à moins que le propriétaire du champ auquel elle a été unie, n'en ait pas encore pris possession alors : *cessante ratione legis cessat lex ipsa.*

L'alluvion n'a pas lieu à l'égard des relais de la mer, dont les rivages sont publics, ni à l'égard des lacs et étangs, la hauteur de leur décharge fixant invariablement la limite des propriétés.

Quant aux îles, il est de l'intérêt du commerce que, dans les fleuves ou les rivières navigables ou flottables, elles appartiennent à l'État ; mais le maintien des titres et prescriptions contraires, et celui des droits du propriétaire d'un champ riverain converti en île, sont de toute justice.

Dans les autres rivières, les îles, îlots, attérissemens, appartiennent aux propriétaires riverains : chacun de son côté exerce ce droit d'accession, en raison de la largeur de son fonds, jusqu'à une ligne qu'on suppose tracée par le milieu de la rivière. Les lois romaines leur accordoient cet espace entier, à titre d'accession, quand le fleuve, en se formant un nouveau cours, abandonnoit son ancien lit ; mais, l'équité dans nos lois l'emportant sur la rigueur du droit, les propriétaires des fonds nouvellement occupés prennent, à titre d'indemnité, l'ancien lit abandonné, chacun dans la proportion du terrain qui lui a été enlevé.

Une dernière espèce d'accession immobilière est celle qui

s'exerce sur des animaux sauvages par leur nature, considérés comme accessoires de quelque immeuble. Les pigeons, lapins, poissons, qui passent dans un autre colombier, garenne, étang, appartiennent au propriétaire de ces objets, pourvu qu'ils n'y aient point été attirés par fraude ou artifice : l'improbité ne sauroit être un moyen d'acquérir.

Quand le droit d'accession a pour objet des choses mobilières, il est entièrement subordonné aux principes de l'équité naturelle. Pour diriger le juge dans les cas non prévus, la loi ne lui trace que des règles particulières, qui peuvent se réduire aux dispositions suivantes.

Lorsque deux choses appartenant à différens maîtres ont été unies, sans consentement de leur part, de manière à former un tout, la séparation, quoique possible, ensorte que l'une puisse subsister sans l'autre, ne peut être demandée que par le propriétaire à l'insçu duquel l'union s'est faite, et dont la chose surpasse la principale en valeur. On suit à l'égard du tout une règle générale : *accessorium sequitur principale suum ;* ce tout appartient au propriétaire de la chose principale, à la charge de rembourser à l'autre la valeur de celle qui a été unie. Il peut, quand l'union s'est faite à son insçu, demander des dommages et intérêts, sans préjudice de poursuites par voie extraordinaire.

Il ne s'agit donc que de fixer les caractères de la chose principale.

Est réputée chose principale, celle à laquelle l'autre n'a été unie que pour l'usage, l'ornement et le complément de la première. Hors de cette union, que les Romains appeloient adjonction, on regarde, comme principale, la plus considérable en valeur ou en volume, si les valeurs sont à peu près égales. Les volumes mêmes étant égaux, il n'y a plus de chose principale ; on procède à la séparation, ou, si elle est impossible, le tout reste commun jusqu'à licitation.

Les articles suivans ne présentent qu'une sage application de ces règles. Ainsi, dans une spécification ou formation d'une nouvelle espèce avec les matériaux d'autrui, la matière est ordinairement chose principale. Celui qui en étoit propriétaire, a droit de réclamer la chose qui en a été formée, en remboursant le prix de la main-d'œuvre : il a aussi le choix d'en demander la restitution en même nature, quantité, poids, mesure et bonté, ou sa valeur.

Quelquefois l'industrie, à raison de la grande supériorité de valeur de la main-d'œuvre, est elle-même partie principale : alors l'ouvrier a droit de retenir la chose travaillée, en remboursant le prix de la matière au propriétaire.

Si l'ouvrier a employé en partie la matière qui ne lui appartenoit pas, en partie la sienne propre, et qu'elles ne puissent se séparer sans inconvénient, la chose reste commune aux deux propriétaires, en raison, quant à l'un, de sa matière ; quant à l'autre, à la fois de sa matière et du prix de la main-d'œuvre.

Il en est de même des commixtions et confusions, ou mélanges de plusieurs matières sèches ou liquides, appartenant à différens maîtres. Si la séparation peut se faire sans inconvéniens, celui à l'insçu duquel le mélange s'est opéré, peut la demander ; sinon le résultat du mélange reste commun aux deux propriétaires, dans la proportion de la quantité, de la qualité et de la valeur de leurs matières respectives, et, en cas de notable différence, le propriétaire de la chose supérieure en valeur peut la réclamer, en remboursant à l'autre le prix de sa matière.

Ces principes sont à peu près ceux du Droit romain ; il suffira d'en faire remarquer les principales différences.

Suivant les Jurisconsultes romains : *Scriptura tabulæ cedit*, et le principe, *necesse est ei rei cedi quod sine illá esse non potest*, n'admet d'exception que dans le cas de peinture : *propter excellentiam artis. Ridiculum est enim*, dit Justinien, *picturam*

Appellis vel Parrhasii in accessionem vilissimæ tabulæ cedere.
(*Inst. de rer. div. §. 34.*)

Dans notre Droit, le papier n'est de nulle considération en comparaison de l'écriture, et l'exception, *propter excellentiam artis*, s'étend à tous les ouvrages précieux de l'art. Le propriétaire d'un lingot de cuivre n'a pas plus de droit de réclamer la montre ou la statue qui en auroit été faite, que le propriétaire d'une toile n'a droit à la peinture dont un habile maître l'a ornée.

En fait de spécification, nos lois ont consacré l'opinion des Sabiniens : soit que la matière puisse ou non reprendre sa première forme, celui qui en étoit propriétaire peut la réclamer, parce que *sine materia nulla species esse potest.*

L'Empereur Justinien avoit suivi une opinion mixte, et dans l'hypothèse où la matière ne pourroit reprendre sa première forme, il l'adjugeoit au spécificateur ; ce qui donnoit lieu aux distinctions les plus subtiles.

L'union faite par des tiers est l'objet d'une disposition particulière, qui est la dernière du titre de la propriété.

« Dans ce titre, plus peut-être que dans aucun, on remarque, « dit l'Orateur du Tribunat, des traces de la législation romaine, « parce que cette matière a dû être moins soumise, que les autres « objets de législation, aux préjugés et aux habitudes. On a dû en « puiser les décisions dans l'équité naturelle, et le peuple romain « est celui de tous qui a su le mieux en déduire les principes. »

FIN.